Le centenaire de la Révolution française

1889

JULES FERRY

TABLE DES MATIÈRES

LE CENTENAIRE DE LA RÉVOLUTION FRANÇAISE

Le centenaire de la Révolution française : discours prononcé...au banquet commémoratif du 17 juin 1889

ASSOCIATION NATIONALE RÉPUBLICAINE (CENTENAIRE DE 1789)

L'ASSOCIATION NATIONALE RÉPUBLICAINE a pour but de préparer le pays à célébrer dignement le Centenaire de 1789, par le triomphe d'une politique d'union sociale, de progrès et de liberté.

L'ASSOCIATION NATIONALE RÉPUBLICAINE s'adresse à toutes les bonnes volontés. Aucune cotisation n'est obligatoire : ainsi l'Association reste accessible à tous. Chacun est libre de contribuer, suivant ses convenances, aux dépenses de l'Association.

L'ASSOCIATION NATIONALE RÉPUBLICAINE doit rallier tous les Français qui, fidèles à l'esprit de la Révolution, ne veulent de despotisme d'aucun genre, et, sous les garanties d'une loi égale pour tous, unis dans une même pensée de concorde et de progrès, entendent, par le développement de toutes les forces morales et matérielles de la République, assurer le libre et pacifique essor de notre démocratie.

Le comité directeur…

JULES FERRY, député, ancien président du Conseil des ministres, président.

PAUL DEVÈS, sénateur, ancien garde des sceaux, ancien ministre de l'agriculture ; JULES STEEG, député de la Gironde; FERDINAND DREYFUS, ancien député de Seine-et-Oise ; JULES LEVEILLÉ, professeur à la Faculté de droit de Paris, ancien président du Conseil général de la Seine, vice-présidents.

AUDIFFRED, député de la Loire ; CASIMIR PÉRIER, député de l'Aube, vice-président de la Chambre des députés ; GODEFROY CAVAIGNAC, député de la Sarthe, DELMAS, député de la Charente-Inférieure ; JOURDE, conseiller général des Bouches-du-Rhône, président honoraire du syndicat de la Presse parisienne ; MICHAU, président du tribunal de commerce de la Seine; JOSEPH REINACH, directeur de la République française ; RONDELEUX, député de l'Allier ; JULES SIEGFRIED, député de la Seine-Inférieure.

PAUL DELOMBRE, rédacteur au Temps, secrétaire général.

PAUL MELON, trésorier.

BRIENS, ancien député ; CH. FLAMAND, avocat à ia Cour d'appel ; ROGER MERLIN (de Thionville) ; GEORGES VILLAIN, secrétaires.

Le Centenaire de la Révolution française

DISCOURS PRONONCÉ PAR M. JULES FERRY

PRÉSIDENT DE L'ASSOCIATION NATIONALE RÉPUBLICAINE
au banquet commémoratif du 17 juin 1889
à l'Hôtel-Continental

MESSIEURS,

Je propose, avant toutes choses, à cette assemblée de républicains, la santé de M. le président de la République. (Applaudissements unanimes.)

Je bois à celui dont le nom illustre relie si bien, en ce solennel anniversaire, le présent au passé (Applaudissements), à celui qui a la rare fortune de représenter, à la tête de l'État républicain, tout un siècle de fidélité et de vertu républicaines. (Nouveaux applaudissements.)

Je bois à sa popularité croissante, à ce mouvement instinctif qui porte vers lui les populations républicaines, car elles sentent, en cet homme de cœur, d'honneur et de bien, d'abord le gardien irréductible des libertés publiques (Vifs applaudissements), et, ensuite, le représentant de cette République libérale, ouverte et tolérante, à laquelle le pays aspire. (Très bien ! très bien !)

Messieurs, l'Association républicaine a dû céder à la municipalité de Versailles l'honneur de fêter la date immortelle du 20 juin, dans un pélerinage à cette salle du Jeu de Paume que plus d'un de vous, sans doute, voudra revoir, comme on visite l'ombre des ancêtres et le témoignage vivant de leur grandeur et de leurs services. (Oui ! oui ! Très bien !)

LE 17 JUIN 1789

Mais la date que nous célébrons aujourd'hui ne le cède à l'autre, ni par la grandeur morale, ni par l'importance historique. Il y a aujourd'hui cent ans, messieurs, que les Communes de France, c'est-à-dire le Tiers-État, las d'attendre les ordres dissidents, pénétré, à la suite d'un mois de patience et de vains efforts, du sentiment de son droit et de sa mission, adopta la motion de Sieyès et, repoussant toutes les qualifications ambiguës ou transactionnelles, se proclama Assemblée nationale. (Applaudissements et bravos.)

Messieurs, de ce jour la Révolution était faite, le câble était coupé, comme avait dit Siéyès, et ce grand siècle commençait, un des plus grands assurément que l'humanité aura connus — car il n'en est pas qui ait répandu dans le monde plus d'idées nouvelles ; il n'en est pas qui ait fait germer plus d'espérances; il n'en est pas qui ait consacré avec plus d'éclat la conquête de la nature par la science humaine ; il n'en est pas qui ait mêlé, dans de plus gigantesques proportions, les grandeurs aux misères et les vertus aux crimes ; il n'en est pas qui ait savouré, au même degré, les éblouissements de la gloire, et plus cruellement subi les expiations de la défaite. (Applaudissements.)

Non, aucun temps n'a produit de plus grandes idées, de plus grandes passions, de plus grands caractères et de plus grands hommes. Saluons ceux qui furent les premiers — les plus grands peut-être — cette poignée de bourgeois sans prestige et sans nom, isolés et relégués dans un coin de Versailles : ils portent avec eux les destinées de la France et de la liberté. (Bravos et applaudissements.) Simplement, paisiblement, sans souci du péril qui est immense, sans songer au lendemain qui est obscur, ces bourgeois proclament la nation reine au milieu du palais des rois. (Vive adhésion. — Applaudissements répétés.)

Duel extraordinaire : d'un côté, tous les pouvoirs, et quels pouvoirs ? Un despotisme vieux de quatorze siècles, toutes les forces sociales organisées, tout ce qui contient le peuple, tout ce qui domine les âmes : clergé, noblesse, monarchie.

Et, de l'autre côté, l'idée désarmée et toute nue, la force morale sans escorte et sans armée. Et c'est la force organisée qui recule et qui, peu à peu, se dépouille, non sans douleur, mais presque sans combat ! Quel spectacle offert aux méditations de l'historien et quelle leçon, en cette fin de siècle, pour les désabusés et pour les sceptiques, que cette victoire de la force morale ; quelle démonstration de la part décisive qui appartient, dans l'évolution des sociétés et dans l'histoire de l'humanité, au mouvement de l'esprit et à la force de l'opinion. (Applaudissements répétés.)

L'ŒUVRE DE LA CONSTITUANTE

Il y a deux choses dans l'histoire de la Constituante : une œuvre sociale et une oeuvre politique. L'œuvre sociale lui a survécu ; elle suffit à sa gloire, et nous sommes tellement imprégnés, nous sommes tellement identifiés, peut-on dire,avec les bienfaits que nous tenons de nos grands ancêtres ; ils nous ont si bien pénétrés, ils sont devenus à tel point une partie de nous-mêmes ; ils sont si profondément entrés dans notre manière de vivre, de sentir et de penser que, trop souvent, nous sommes tentés d'oublier que bien chère en fut la conquête.

Messieurs, en moins de deux ans, l'Assemblée constituante a donné à la France tous ces biens dont nous jouissons et dont l'habitude nous porte à méconnaître le prix… (Très bien ! très bien ! et applaudissements.) Elle a donné l'égalité des droits, la justice sociale, la propriété, le libre vote de l'impôt, la souveraineté nationale, la sécuralisation de la famille et de l'État. Elle a remplacé le régime des privilèges par un régime de droit et de justice. Elle a réussi dans tout cela, pourquoi ? Parce qu'elle n'était pas, comme on le croit trop aisément, un commencement, mais un dénouement, parce qu'elle continuait un travail commencé depuis plusieurs siècles, parce qu'elle portait le dernier coup à l'édifice du monde catholico-féodal qui, sans son intervention, se serait, plus tôt ou plus tard, écroulé de lui-même. Elle a été l'exécuteur des lois de l'histoire, et c'est pour cela qu'elle a réussi. (Assentiment général. — Applaudissements.)

Dans son œuvre politique, au contraire, elle a échoué. La Constitution qu'elle a faite n'a pas vécu et cette grande assemblée, qui avait pu mettre au monde une société, n'a pas su faire vivre une Constitution. Pourquoi ? C'est parce qu'elle avait méconnu les conditions essentielles d'un gouvernement dans un pays comme la France, essentiellement homogène et condamné, par sa situation au centre de l'Europe, à une vigilance, à une unité d'action, à une concentration de forces toujours présente et toujours active. (C'est cela ! très bien ! — Vifs applaudissements.)

Elle avait oublié cela, peut être volontairement. Elle avait constitué, superposé les uns aux autres des pouvoirs élus, couvrant comme d'un réseau toute l'étendue du territoire, mais sans liens sérieux entre eux, sans dépendance réelle du pouvoir central. Ce n'était pas là un type de gouvernement, c'était un modèle de l'anarchie. Aussi quand, deux ans plus tard, la Convention nationale fut dans la nécessité d'agir et de se défendre, elle mit sous la remise tous ces pouvoirs électifs superposés et y substitua la centralisation la plus puissante, la plus formidable dictature que l'histoiro de France ait jamais connue.

LES FAISEURS DE CONSTITUTIONS, LES RÉVISIONNISTES D'AUJOURD'HUI

Messieurs, la Constitution qu'avait faite l'Assemblée nationale n'a pas vécu ; mais elle a fait école : elle a donné naissance à une école de constituants à outrance, qui ne paraissent pas satisfaits, à l'heure présente, de constater que la France en est à sa treizième Constitution, et qui rêvent de lui en préparer une quatorzième. (Applaudissements.)

Oui, messieurs, il y a, à l'heure qu'il est, des républicains qui demandent une Constituante et qui se préparent à y entrer (On rit), des républicains sincères assurément, loyaux entre tous, qui ont du talent, je ne le nie pas, j'ajouterai même, ayant plus de bienveillance pour eux qu'ils n'en ont généralement pour moi, qu'ils ont des services. (Bravos.)

Mais, messieurs, quel est donc leur état d'esprit ? Nous avons des difficultés, nous n'en sommes pas à les compter ; chaque jour en ajoute de nouvelles aux anciennes qui ne sont pas résolues ; mais ce sont des difficultés de gouvernement, des difficultés financières, des difficultés économiques, des difficultés diplomatiques, qui tiennent à la situation de notre pays en Europe, à tous les périls dont il est entouré, qui l'obligent non seulement à une vigilance extrême, mais à des dépenses excessives incessamment renouvelées.

Toutes ces difficultés-là sont des difficultés de gouvernement, mais ce ne sont pas des difficultés de Constitution. (Vives marques d'approbation.) Qu'est-ce qu'un changement de Constitution y apporterait ? Est-ce que les républicains dont je parle, ces révisionnistes impénitents avec lesquels il faut bien compter, car ce ne sont pas les premiers venus, font autre chose et tiennent, au fond, un autre langage que les monarchistes, quand ceux-ci disent au pays : « Vous avez des difficultés de toute espèce, rien ne va, l'agriculture souffre, vous vendez mal vos denrées, vos relations avec l'étranger sont mauvaises ; prenez mon roi, prenez mon ours et tout sera résolu ?» (Rires et applaudissements.)

Ces républicains commettent absolument le même sophisme. C'est qu'il est, en effet, beaucoup plus facile de crier : Révision ! révision ! Constituante ! que de faire de bonne politique financière, de bonne politique économique et de bonne diplomatie !

Si, du moins, cette thèse révisionniste était faite pour les distinguer, pour les mettre à part ! Mais elle ne peut que les confondre, — et les confondre dans je ne sais quelle tourbe qui crie, venant de tous les coins de l'horizon politique : « Révision de la Constitution ! » ce qui veut dire : » À bas la Répupublique ! » (Bravos et vive adhésion.)

Messieurs, il est toujours délicat de juger des hommes distingués, sincères, éloquents. Mais véritablement, quand je vois des républicains consentir à jouer le rôle d'appoint, — car ils ne sont qu'un appoint dans ce mouvement révisionniste, qui est un mouvement monarchique, réactionnaire et clérical, — à jouer, dis-je, le rôle d'appoint, dans cette bruyante clameur qui s'élève, non pas contre la Constitution, mais contre la République, qu'on veut frapper au cœur et à la tête, — quand je vois des républicains se résigner à prendre place dans une pareille compagnie, messieurs, je le déclare, c'est un cas pathologique. (Rires et vifs applaudissements.)

Cela ne pourrait avoir qu'une explication, c'est qu'on voulût vraiment une Constituante. Une Constituante ! Voilà, messieurs, ce que je me permets d'appeler l'aberration des aberrations. (Nouveaux applaudissements.)

Oui ! je comprends que les partisans du passé, que les hommes qui reprochent au dix-neuvième siècle d'avoir abouti à un solennel avortement, trouveraient piquant de le voir finir comme il a commencé, par une Constituante, c'est-à-dire par l'aveu que tout est à refaire dans ce pays de France. (Assentiment général.)

Mais que des républicains s'y prêtent, cela passe l'imagination.

Une Constituante ! Savez-vous ce que c'est qu'une Constituante, ce que cela suppose ? Cela suppose un de ces moments rares et sublimes en tous les pays, où il s'est fait entre les esprits et les volontés un accord si complet que toutes les résistances reculent et s'évanouissent. (Très bien ! très bien !) Cela suppose un grand courant portant une grande idée.

Oh ! des constituants, on en trouve toujours ; des Sieyès, il y en a beaucoup, et nous apercevons d'ici la petite monnaie de plusieurs Mirabeau. (Hilarité générale.) Tous ces braves gens sont tout prêts à endosser la défroque de la grande époque. Mais il ne suffit pas d'avoir des constituants ; il faut avoir la matière constituante. On ne la rencontre pas dans un temps où le désaccord est dans les esprits, où le scepticisme a pénétré dans les cœurs, où le découragement est partout, où jamais, jamais les Français n'ont été plus divisés entre eux, — ce n'est pas dans ce moment de trouble qu'il convient de convoquer une Constituante. Car, sachez-le bien, si une Constituante pouvait se réunir, ce serait l'anarchie dans les idées, préludant à l'anarchie dans les faits, à la guerre civile et à la dictature. (Bravos et applaudissements répétés.)

Nous restons donc, messieurs, — je le vois à vos applaudissements, — nous restons l'association des défenseurs irréductibles de la Constitution. (Nouveaux applaudissements et cris : Vive la Constitution !)

CE QU'IL FAUT RÉVISER

Oh ! nous ne disons pas qu'il n'y ait rien à réviser. Certainement, il y a quelque chose à réviser. Mais ce n'est pas le pouvoir exécutif qu'il faut réviser ; ce n'est pas non plus le Sénat. Je me permets de le dire devant mes collègues de la Chambre, c'est la Chambre des députés qu'il faut réviser. (Rires approbatifs.)

Il faut la réviser, parce qu'elle est trop nombreuse (Nouvelles marques d'approbation), il faut la réviser, parce qu'elle ne dure pas assez longtemps ; il faut réviser ses méthodes de travail, qui sont défectueuses, profondément défectueuses ; il faut réviser ses habitudes d'esprit, qui sont mauvaises, car elles l'ont conduite à se considérer comme une assemblée unique et à se comporter comme une Convention au petit pied, alors que la Constitution qui nous régit a entendu établir l'égalité des pouvoirs entre les deux Chambres. (Très bien ! très bien !)

Il faut réviser ses habitudes administratives, qui sont pires encore, car c'est l'ingérence perpétuelle, indiscrète, dissolvante…(Bravos et vives marques d'approbation) dans l'exercice de l'administration et dans l'action des pouvoirs locaux, ce qui énerve l'administration, et qui nous a conduits là où nous sommes !

Oui ! il faut réviser tout cela. il nous faut un pouvoir exécutif plus résolu et plus actif. (Très bien ! très bien !) Il nous faut un Sénat moins modeste, et moins effacé, il nous faut une Chambre moins indiscrète, moins disposée à empiéter sur les attributions d'autrui. (Nombreuses marques d'assentiment.)

Messieurs, on peut avoir tout cela sans toucher à la Constitution ; il suffit de la pratiquer telle qu'elle est. (Bravos et applaudissements.)

Voilà, messieurs, des idées qui ne sont point nouvelles et que j'ai eu souvent l'honneur de développer devant vous. Je n'hésite pourtant pas, et vous ne devez pas hésiter à en reprendre sans cesse la démonstration, car c'est là, croyez-le bien, le fond des choses. Cette politique gouvernementale dont nous sommes les adeptes, qui repose avant tout sur le respect de la Constitution, cette politique gouvernementale, je veux seulement en souligner un trait: c'est une politique de paix. C'est une politique de paix sociale, et je n'hésite pas à le répéter, c'est une politique de paix religieuse. (Applaudissements répétés.)

PAIX SOCIALE ET PAIX RELIGIEUSE

La question est assez importante, elle jouera dans les élections prochaines un rôle assez considérable pour que vous me permettiez, messieurs, d'y toucher encore. Paix religieuse ! Ces mots soulèvent de grandes indignations d'un certain côté de l'opinion. Paix religieuse ! nous dit-on ; mais alors il y a donc deux pouvoirs ?

Messieurs, ce n'est pas à nous qu'il faut apprendre et qu'on prendra — j'imagine — la peine de démontrer qu'il n'y a qu'une seule Puissance en France, la Puissance civile et séculière. Nous avons assez revendiqué ses droits et défendu ses prérogatives pour nous refuser à recevoir en cette matière des leçons de quelque jurisconsulte que ce soit. (Très bien ! très bien ! et applaudissements.)

Certainement il n'y a qu'une seule puissance. Mais empêcherez-vous, pouvez vous empêcher qu'il n'y ait à côté d'elle un pouvoir moral — notre langue, qui n'est pas très riche, n'a pas d'autre mot pour exprimer cette idée, les orateurs de l'extrême- gauche eux-mêmes se servent de ce mot de « pouvoir » quand ils parlent de l'Église, — oui, un pouvoir moral incontestable ? Est-ce que cela ne frappe pas les yeux ?

Il n'est guère d'usage de faire des citations dans un banquet ; mais je voudrais cependant remettre sous vos yeux quelques lignes d'un grand philosophe, qui n'était pas un clérical, j'imagine, qui était le plus libre de tous les libres-penseurs, M. Littré. Il y a un écrit de lui sous ce titre : le Catholicisme suivant le suffrage universel, qui renferme les observations les plus justes, les plus profondes, les plus pratiques sur l'état des esprits dans notre pays ; il faudrait vraiment le faire apprendre par coeur à tous les candidats à la députation. (Rires.) Je veux seulement vous en lire quelques lignes :

« Le catholicisme, a dit M. Littré en 1880, est la religion du plus grand nombre des Français, cela ne fait aucun doute. Quand on a déduit, d'une part, les protestants et les juifs, et, d'autre part, défalcation encore plus grande, les indifférents et les libres-penseurs, il reste une masse considérable qui emplit les églises, reçoit les sacrements depuis le baptême jusqu'à l'extrême-onction et serait sérieusement offensée, si on la gênait dans l'exercice de son culte. Ne pas reconnaître cette condition fondamentale, c'est se préparer, si l'on est philosophe, spéculant sur la marche des citoyens, de graves mécomptes théoriques, et si on est homme d'État prenant part au gouvernement, de non moins graves mécomptes politiques. » (Assentiment général.) Ce sont ces mécomptes, messieurs, que nous voulons éviter. C'est parce que nous avons conscience du caractère actuellement irréductible de cette puissance morale et de l'impuissance relative des moyens de discipline et de coaction dont le pouvoir civil dispose vis-à-vis d'elle, que nous avons eu la tentation de rechercher s'il n'y aurait pas une autre solution que la guerre à outrance, la guerre éternelle, la guerre sans trêve avec le catholicisme.

Messieurs, la guerre n'est pas un système de gouvernement. On ne fait généralement la guerre que pour avoir la paix. (Rires approbatifs.) Quant à nous, nous ne nous sentons en aucune façon investi par nos électeurs du mandat de faire la guerre à quelques croyances que ce soit.

Les gouvernements ne sont pas institués pour faire la guerre, ils sont institués pour faire régner la paix et la justice. (Applaudissements.)

On nous dit : « Prenez le glaive de la loi et réduisez l'Eglise à l'obéissance. » Mais, messieurs, c'est ce que nous avons fait, nous sommes tout prêt à le faire quand cela sera nécessaire. (Nouveaux applaudissements.) Mais l'obéissance obtenue par des rigueurs fiscales, disciplinaires, par des suppressions de traitement, par exemple, — une arme dont nous avons beaucoup usé, beaucoup plus que ceux qui en parlent aujourd'hui ! — ce n'est pas là, messieurs, un état normal, c'est un état de lutte et de combat. Je crois que l'on pourrait arriver à autre chose, et je ne me fais aucun scrupule d'appliquer à une situation difficile, qui tient à la coexistence, dans notre société, de deux doctrines qui sont, au fond, philosophiquement irréductibles, je ne me fais aucun scrupule d'appliquer à cette situation ce grand mot de tolérance, que le dix-huitième siècle avait inventé, précisément pour faire vivre côte à côte des doctrines et des religions inconciliables. (Très bien ! très bien!)

Oui, autant que je le pourrai, je prêcherai dans la commune la tolérance au maire, la tolérance au curé, et je n'admets pas qu'on me reproche à ce propos de vouloir que l'État soit toléré par l'Église. Messieurs, la tolérance n'est pas une question de doctrine, c'est une question de conduite. (Assentiment général.)

Je suis convaincu que cette conduite plus douce, plus bienveillante, plus facile, vous la détermineriez, messieurs, dans des proportions que vous ne pouvez pas imaginer, si vous vouliez considérer une bonne fois avec bienveillance le budget des cultes.

N'y touchez pas, et faites bien entendre que vous ne voulez pas y toucher et vous aurez la paix, cette paix religieuse qui est le vœu du pays ; non pas sans doute le vœu des cléricaux de profession et des dévots échauffés (Rires), mais de cette foule de citoyens paisibles, indifférents peut-être dans le fond des choses, mais à l'heure qu'il est — croyez-le bien — plus las des querelles religieuses que de toute autre chose au monde. (Vifs applaudissements.)

La tolérance n'exclut pas l'esprit de réforme,

Messieurs, ce n'est là qu'un des traits de cette politique de tolérance, de cette République ouverte, dont nous sommes les adeptes résolus ; mais peut-on dire que cette politique, pour être pacifique, pour être tolérante, est incapable d'être réformatrice ? On le croirait vraiment, à entendre nos amis les radicaux !

Oui, pour eux, quiconque s'est prononcé pour le budget des cultes dans l'intérêt de la paix publique, est un homme qui regarde en arrière, entendez-vous bien ? …comme c'est grave de regarder en arrière ! C'est un homme qui a cessé de marcher en avant, parce que la marche en avant est le contraire du piétinement sur place, le crime du parti modéré.

Messieurs, si c'est un crime de piétiner sur place, le parti modéré ne l'a pas commis, car en recherchant dans ce pays quelles ont été les marches en avant, quels ont été les progrès réalisés, quelles ont été les réformes faites, je puis le dire sans orgueil, parce que c'est l'histoire même, c'est le parti modéré qui les a faites. (Applaudissements.)

En fin de compte, on nous renvoie aux électeurs rétrogrades, mais susceptibles de conversion ; on nous concède la permission de ramener à la République les gens paisibles, les conservateurs de bonne foi qui ne sont pas essentiellement et de parti pris hostiles à cette forme de gouvernement ; c'est là, messieurs, une mission que nous accepterions avec reconnaissance et dont nous nous acquitterions avec orgueil !

Oui, si notre politique pouvait ramener à la République les masses indécises qui sont, à l'heure qu'il est, manifestement ébranlées et sans lesquelles on ne peut cependant faire vivre dans ce pays aucun gouvernement durable ; si nous avions cet honneur, si c'était là notre rôle et notre mission, ah ! messieurs, nous croirions être pour la République de meilleurs et de plus utiles serviteurs que tous les emphatiques qui nous condamnent. (Rires et applaudissements.)

LE CENTENAIRE DE LA RÉVOLUTION

C'est, messieurs, dans ces idées de concorde et de pacification que nous espérons célébrer, au mois d'octobre prochain, dans les élections qui s'avancent, le centenaire de la Révolution.

Je sais bien qu'on nous en annonce un autre, je sais bien que si on en croit la coalition des vieilles rancunes et des jeunes cupidités (Vifs applaudissements) ce grand siècle, commencé dans la gloire et dans la foi, devrait finir dans la honte.

On nous promet, on nous annonce, on nous prépare le centenaire du reniement, et nous fêterions 1789 en le soufﬂetant sur les deux joues !

Oui, messieurs, cela se dit, cela s'affirme, cela se prophétise ! Donc, tout ces efforts d'un grand siècle, toutes ces luttes, tous ces mécomptes, toute cette gloire, tout ce mouvement d'esprit, toutes ces tombes qui marquent la route du progrès, tout ce patrimoine intellectuel et moral, dont nos pères nous ont transmis le glorieux héritage, tout cela, messieurs, n'aurait servi qu'à préparer, par une action en quelque sorte providentielle, la plus abjecte des abdications dans les mains du dernier des aventuriers… (Vifs applaudissements.)

Sans excuse d'aucune sorte, ni de danger du dehors, ni de péril intérieur, ce grand pays de France, qui a voulu être libre et qui est à l'heure qu'il est le plus libre de tous les peuples, ce grand pays de France, qui manifeste à l'heure où nous sommes, avec un éclat si inattendu, sa vitalité extraordinaire, ce grand pays, n'ayant plus soif que de honte, ne songerait plus qu'à se coucher aux pieds d'un maître.

Messieurs, cela n'est pas possible, cela ne sera pas ; on calomnie la France, on escompte trop vite la sottise humaine. Il n'est pas possible, messieurs, que ce siècle, inauguré par des héros, finisse dans les mains des fantoches. (Vifs applaudissements.)

Je vous on atteste tous, compagnons de nos luttes politiques ; que nous avons toujours trouvés depuis vingt ans au premier rang, pour défendre la liberté et la République, j'en atteste ces jeunes gens, que les retours offensifs du césarisme ont tirés de leur inaction et lancés avec nous dans la vie publique ; je vous atteste aussi, morts illustres quo nous célébrons aujourd'hui, j'en atteste votre mémoiro et vos exemples, cette honte est impossible, car il y va non seulement de l'honneur, mais il y va de la Patrie ! (Bravos et applaudissements prolongés.)

Et pour protester contre cette calomnie jetée à la face de vos petits-enfants, autant que pour honorer vos mânes glorieux, je bois à nos ancêtres, aux hommes de 1789 ; buvons, messieurs, levons nos verres en l'honneur de nos grands ancêtres ! (Adhésion unanime et triple salve d'applaudissements.)

BROCHURES DE PROPAGANDE

Pour déférer aux désirs qui lui ont été exprimés, l'Association Nationale Républicaine a édité des brochures de propagande qu'elle tient à la disposition des comités républicains dans des conditions excessivement avantageuses.

On trouve aux bureaux de l'Association, 51, rue Vivienne, Paris, les brochures suivantes :

L'Œuvre scolaire de la République. Discours prononcé par M.Jules Ferry à la Chambre des députés, le 6 juin 1889. Broch. de 68 pages. Prix fort, 10 centimes l'exemplaire; le cent, 5 fr.; le mille, 40 fr.

Le Centenaire de la Révolution française. Discours prononcé par M. Jules Ferry, au banquet de l'Hôtel-Continental le 17 juin 1889. Broch. de 22 pages. Prix fort, 5 cent, l'exemplaire ; le cent, 2 fr.; le mille, 15 fr.

La Ligue césarienne. Discours prononcé par M. Emmanuel Arène à la Chambre des députés, le 14 mars 1889. Prix fort, 5 cent ; le cent, 2 fr.; le mille, 15 fr.

Discours prononcé par M. Jules Ferry, le 11 avril 1889, à l'assemblée générale des membres de l'Association. Broch. 24 pages. Prix fort, 5 cent. ; le cent., 2 fr.; le mille, 15 fr.

Discours prononcé par M. Jules Ferry à l'Hôtel-Continental, le 21 décembre 1888. Broch. 24 pages. Prix fort, 5 cent.; le cent. 2 fr.; le mille, 15 fr.

L'Almanach du bon Républicain pour 1889, 1 vol.de 208 pages avec de nombreuses illustrations. Prix fort, 50 cent.; le cent, 20 fr.; le mille, 150 fr.

Boulanger militaire, par Eugène Ténot. Broch. 32 pages, Prix fort, 5 cent. ; le cent. ; 2 fr. ; le mille, 15 fr.

La vérité sur Boulanger militaire. Broch. 24 pages. Prix fort, 5 cent. ; le cent, 1 fr. 80 ; le mille, 12 fr.

La Politique coloniale, par Jacquillou. Broch. 16 pages. Prix fort, 5 centimes ; le cent, 1 fr. 60 ; le mille, 40 fr.

L'Œuvre de la République. Broch. 64 pages. Prix fort, 10 centimes ; le cent, 5 fr. ; le mille, 20 fr.

Le Péril de la Dictature. Discours prononcé par M. Maurice Rouvier, le 27 avril 1888. Epuisé.

La Politique républicaine. Discours prononcé par M. Maurice Rouvier, le 18 avril 1887. Epuisé.

EN PRÉPARATION

Les acquisitions coloniales de la République. Brochure, avec cartes.
Les Finances de la République.
L'Agriculture et la République.

NOTA.—Les frais d'expédition sont en sus. Indiquer si l'on veut l'expédition par petite ou grande vitesse et mentionner la gare desservant la localité.

ADHÉSIONS

Peuvent faire partie de l'Association, les comités, groupes ou personnes qui adhèrent aux statuts de l'Association nationale républicaine. (Centenaire de 1789.)

L'Association comprend : (Art. 5 des statuts.)

1° Des comités qui fixent eux-mêmes le montant de leurs cotisations ;

2° Des membres fondateurs qui versent à l'Association une somme de mille francs ;

3° Des membres sociétaires qui versent une somme minimum de cent francs ou une somme annuelle de vingt-cinq francs ;

4° Des membres adhérents versant ou ne versant pas de cotisation.

Ainsi, l'Association républicaine est accessible à tous, elle s'adresse à toutes les bonnes volontés.

Aux termes de l'article 6 des statuts « les groupes ou comités qui deviennent membres de l'Association nationale républicaine, conservent leur entière indépendance, leur organisation propre et leur organisation spéciale. » L'Association ne s'immisce pas dans les questions locales.

Prière d'adresser les souscriptions à M. Paul Melon, au siège central de l'Association, à Paris, rue Vivienne, 51, où les adhésions sont reçues.

Pour tous renseignements, communication du programme et des statuts, adhésions, abonnements au Bulletin, etc., s'adresser au secrétariat général de l'Association républicaine, rue Vivienne, 51, à Paris, où un bureau spécial est ouvert, tous les jours, de dix heures à quatre heures, dimanches et fêtes exceptés.

www.ingramcontent.com/pod-product-compliance
Lightning Source LLC
Chambersburg PA
CBHW070528290526
45790CB00003B/1339